Cumplir las reglas

Katie Peters

Consultoras de GRL,
Diane Craig y Monica Marx,
especialistas certificadas en lectoescritura

ediciones Lerner ◆ Mineápolis

Nota de una consultora de GRL

Este libro, que pertenece a la serie Pull Ahead, ha sido diseñado con dedicación para lectores principiantes. Un equipo de expertos en lectoescritura y lectura guiada ha revisado el libro y determinado su nivel para garantizar que quienes lo lean se superen y experimenten el éxito.

ediciones Lerner
Una división de Lerner Publishing Group, Inc.
241 First Avenue North
Mineápolis, MN 55401, EE. UU.

Si desea averiguar acerca de niveles de lectura y para obtener más información, favor consultar este título en www.lernerbooks.com.

Fuente del texto del cuerpo principal: Memphis Pro 24/39.
Fuente proporcionada por Linotype.

Library of Congress Cataloging-in-Publication Data

Names: Peters, Katie, author.
Title: Cumplir las reglas / Katie Peters.
Other titles: Following the rules. Spanish
Description: Minneapolis : Lerner Publications, [2023] | Includes index. | Audience: Ages 4–7 | Audience: Grades K–1 | Summary: "From baseball to tag to cards, every game has rules to follow. Learn how to be a good sport by playing by the rules. This Spanish book pairs with the fiction title ¡Todavía no!"— Provided by publisher.
Identifiers: LCCN 2021051275 (print) | LCCN 2021051276 (ebook) | ISBN 9781728458878 (library binding) | ISBN 9781728462806 (paperback) | ISBN 9781728460918 (ebook)
Subjects: LCSH: Sports—Rules—Juvenile literature. | Games—Rules—Juvenile literature. | Sportsmanship—Juvenile literature.
Classification: LCC GV731 .P46 2023 (print) | LCC GV731 (ebook) | DDC 796—dc23/eng/20211023 23

LC record available at https://lccn.loc.gov/2021051275
LC ebook record available at https://lccn.loc.gov/2021051276

Fabricado en los Estados Unidos de América
1-50921-50227-10/26/2021

Contenido

Cumplir las reglas

Me gusta jugar fútbol.
Mi entrenadora me enseña
las reglas. Pateo el balón
con los pies.

Me gusta jugar baloncesto.
Mi mamá me enseña las
reglas. Driblo el balón.

Me gusta jugar béisbol.
Mi papá me enseña las
reglas. Con tres strikes,
estoy fuera.

Me gusta jugar a perseguirnos con las traes. Mi amiga me enseña las reglas. Si me tocan, soy yo quien persigue.

Me gusta jugar a las cartas.
Mi abuela me enseña las
reglas. Jugamos muchos
juegos con las cartas.

Los juegos tienen reglas.
Cumplir las reglas hace
que jugar sea divertido.

¿Puedes pensar sobre un momento en el que cumpliste las reglas?

¿Lo viste?

baloncesto

balón de fútbol

cartas

Índice